AF339932

42
2116

CONDUITE

TENUE

PAR LE GÉNÉRAL DIVISIONNAIRE

CHATEAUNEUFRANDON,

COMMANDANT LA CINQUIÈME DIVISION MILITAIRE,

DÉPARTEMENS DES HAUT ET BAS RHIN;

Relativement au bruit répandu sur les derrières de l'armée du général JOURDAN, de la marche rapide d'une colonne autrichienne *sur Kehl et le front du département du bas Rhin*, par les gorges de la Forêt-noire, au-delà de son aile gauche.

Avec les pièces capables de faire juger l'indispensable nécessité où il a été de requérir et de réunir, pendant deux jours, les colonnes mobiles du département du bas Rhin, sur plusieurs points; et avec la preuve physique et morale de la possibilité et de la présomption générale de ce mouvement de l'ennemi.

OBSERVATION.

Il est bon de fixer ici l'attention sur un point principal, c'est que l'on a voulu persuader que l'appel des gardes nationales avait coûté des millions au gouvernement; mais il a été combiné de manière qu'il n'a rien coûté, parce que, par ma réquisition légale, j'avais bien mis les gardes nationales en réquisition permanente, pour les avertir de se tenir prétes, mais je n'ai véritablement appelé et réuni sur certains points, pour marcher, que les colonnes mobiles, auxquelles il a été enjoint de porter pour trois jours de vivres. Comme les colonnes mobiles n'étaient pas parfaitement organisées, l'administration centrale a bien cru devoir fixer d'autres bases pour l'exécution de cette réquisition; mais les vivres n'en ont pas moins été portés pour trois jours par chacun, et ces colonnes ne sont restées en mouvement qu'un jour et demi. Il est bien vrai qu'au bout des trois jours, si elles avaient dû marcher contre l'ennemi, la solde, les vivres, les armes et des munitions devaient leur être distribués, mais heureusement tout s'est borné à des précautions sages et utiles.

Au surplus, en supposant dix mille hommes réunis, et qu'ils eussent été soldés pendant ce court mouvement, il n'en n'aurait pas coûté vingt mille francs.

Signé CHATEAUNEUFRANDON.

CONDUITE

TENUE

PAR LE GÉNÉRAL DIVISIONNAIRE

CHATEAUNEUFRANDON,

*Commandant la cinquième division militaire,
départemens du haut et bas Rhin.*

TANT que j'ai eu lieu de penser que la cessation
de mes fonctions, prononcée par le général Jourdan et sanctionnée par le directoire exécutif, ne
serait que l'effet d'une erreur, et que ce général
en chef de l'armée, mieux instruit et plus réfléchi,
aurait eu la loyauté de réparer cette injure publique faite à la délicatesse de ma position, qui me
prescrivait l'obligation d'user de tous mes moyens
pour me prémunir contre l'attaque de l'ennemi,
*ou qu'il m'eût fait obtenir un conseil de guerre,
que j'ai demandé, pour me juger ;* je n'ai pas
dû m'empresser de me défendre d'une accusation
aussi grave, ni chercher à prouver, par pièces
authentiques, que non-seulement j'ai dû me mettre en mesure sur le simple avis donné, avant
d'en avoir vérifié la certitude (à moins d'une
ineptie et d'une indifférence évidentes ou du des-
sein prémédité de compromettre les frontières dont
le commandement m'était confié), mais encore

que le général Jourdan lui-même en présumait la possibilité, ainsi qu'on le verra par une de ses lettres, qui sera rapportée N.º 12.

FAITS.

Le 26 ventôse, dans la nuit, deux sous-officiers, des grenadiers et des bourgeois de Kehl me furent expédiés par le commandant de cette place, pour me prévenir qu'il allait être attaqué.

N.º 1.

Premier rapport du commandant de la place de Kehl, du 26 ventôse, dans la nuit, l'an 7 de la République française, une et indivisible; au général divisionnaire Chateauneufrandon.

Citoyen Général,

Vers minuit j'ai été prévenu que l'ennemi devait me surprendre sur les trois à quatre heures ce matin; j'ai cru de mon devoir de tout employer pour conserver la place de Kehl. La troupe que j'ai sous mes ordres etait bien disposée; l'artillerie était à son poste; les munitions étaient distribuées de manière que je pouvais soutenir long-temps, sur tout contre la cavalerie, car j'étais sûr que l'infanterie ne pouvait pas arriver pour aujourd'hui, vu que j'ai des certitudes qu'elle était avant-hier au soir à quinze myriamètres d'ici.

J'ai l'honneur de vous envoyer deux sous-officiers (accompagnés de plusieurs grenadiers), pour vous inviter à prendre les mesures nécessaires dans la circonstance, et venir à mon secours.

Salut et respect. *Signé* Fuchs.

Pour copie conforme à l'original en mon pouvoir;
Signé Chateauneufrandon.

(5)

N°. 2.

Second rapport du commandant de Kehl, au général divisionnaire Châteauneufrandon.

LE prince Charles a fait distribuer secrètement une proclamation aux habitans des différens villages, sur tout aux villages autrichiens. Il leur dit : " Braves sujets, je viendrai, ou je vous enverrai une armée formidable, pour chasser les Français qui vous oppriment. Je vous invite et vous ordonne, sous des peines graves, de communiquer mes intentions entre vous, qui sont de vous défaire, de quelque manière que ce soit, de vos ennemis acharnés. Je vous soutiendrai ; employez tous les moyens qui sont en votre pouvoir. Au moment que notre armée arrivera, armez - vous, et secourez de tous vos moyens les troupes de sa majesté. Ceux qui ne se montreront pas bien seront sévèrement punis. ,, De là le bruit court par tout que les Autrichiens arrivent.

Quelques commissaires des guerres, les ambulances et les parcs qui se retirent, font par tout éclater la crainte qu'ils ont d'être surpris.

Des lettres confirment la marche des Autrichiens ; une, que j'ai lue moi - même, adressée au nommé Hurdot, d'Offembourg, mande que les Autrichiens sont arrivés à Heilbronn, et qu'incessamment ils seront dans nos contrées. Ce même Hurdot a dit que la chose paraissait très - certaine, puisqu'on vendait à qui voulait les denrées des magasins de la République (qui étaient à Offembourg). Il a même engagé le maitre de poste d'acheter, *soit de l'avoine, soit du foin,* etc., qu'il aura le tout à bon compte. Lequel maitre de poste a répondu qu'il ne voulait rien acheter appartenant aux Français.

Salut et respect. *Signé* FUCHS.

Pour copie conforme à l'original en mon pouvoir ;
Signé CHATEAUNEUFRANDON.

A 3

N.º 3.

Autre rapport, plus détaillé, comprenant les journées des 22, 23, 24, 25 et 26.

Le Commandant de la place de Kehl, au Général divisionnaire Châteauneufrandon.

LE vingt-deux les paysans de différens villages ont évacué leurs effets, au sujet du bruit, qui s'est répandu sourdement, que les ennemis allaient arriver dans leurs environs.

Sur ce bruit j'ai fait prendre différens renseignemens par des paysans à moi affidés, lesquels m'ont fait différens rapports, qui s'accordaient assez ensemble, que le prince Charles avait envoyé des émissaires, sur tout dans les villages autrichiens, pour leur annoncer qu'il allait arriver avec son armée; en conséquence, que tous ses sujets aient à se réunir contre les Français, et que tous ceux qui ne se mettraient pas de son parti seraient punis très-sévèrement.

Dans la journée du vingt-trois ces bruits se répandaient de plus en plus par la retraite d'une partie des administrations, tant des ambulances que des parcs, lesquelles étaient munies des ordres de leurs chefs, et lesquelles se sont également permis de confirmer ces bruits faux.

Dans la nuit du vingt-trois il passa un grand jeune homme, porteur d'un ordre pour le commissaire-ordonnateur Schiélé de Strasbourg, lequel ordre était du citoyen Vaillant, aussi commissaire-ordonnateur: cet ordre portait que l'on ne devait plus laisser passer aucun convoi sur la route d'Offembourg. Le citoyen ordonnateur Schiélé peut faire connaître celui qui était porteur de cet ordre (il est en effet connu).

Après l'avoir questionné sur le bruit qui courait, il m'a répondu que la route était dangereuse, et que même on craignait qu'il n'y eût déjà eu un convoi de pris, chargé de tonneaux de poudre. Ce même citoyen a ajouté que toutes les administrations avaient ordre de se retirer. Ce rapport faisait accroitre celui déjà donné auparavant.

Dans la journée du vingt-quatre la consternation régnait dans tous les villages : les rapports étaient à peu près les mêmes.

Ce jour, vingt-quatre, j'ai pris le parti d'envoyer un affidé à huit à dix lieues d'ici, que j'ai payé de mes deniers, lequel m'a rapporté qu'il n'avait vu aucun Autrichien, mais que par tout on l'avait assuré que les Autrichiens étaient en marche sur Kehl. Dans ce moment le citoyen Tridant, maître de poste, était chez moi, et arriva le citoyen Hurdot, domicilié à Offembourg, lequel était, suivant son rapport, porteur d'une lettre officielle, qui lui était arrivée d'Heilbronn, où on lui annonçait que les Autrichiens étaient entrés à huit heures du soir dans cette ville.

Ce même Hurdot a en même temps dit au maître de poste, en ma présence, que les préposés des différens magasins d'Offembourg vendaient les denrées à tout prix; il a en même temps proposé au maître de poste de Kehl qu'il serait le maître de faire ses provisions en *avoine*, *foin*, *paille*, etc. Sur ce le maître de poste a répondu encore en ma présence, qu'il ne s'en souciait point pour aucun prix, vu que ses intentions n'étaient pas d'acheter aucune denrée appartenant à la République.

Le soussigné maître de poste de Kehl certifie avoir entendu dire au citoyen Hurdot, que les faits énoncés se sont passés devant lui. *Signé* TRIDANT.

Dans la nuit du vingt-quatre au vingt-cinq la retraite des différentes administrations, toutes munies des ordres des commissaires, et les rapports des personnes que j'ai examinées, pour me faire rendre compte de ce qu'ils pouvaient savoir sur les bruits répandus, tout n'a fait que me confirmer les bruits déjà accrédités :

toutes ces circonstances m'ont fait redoubler ma surveillance pour la place de Kehl.

Dans le jour j'ai eu encore différens rapports ; il n'en est aucun qui ne prouve qu'il n'y eût de la possibilité que les Autrichiens puissent être à Kehl avant deux jours.

Ce ne fut qu'à minuit et demi, dans la nuit du vingt-cinq au vingt-six, qu'est venu le citoyen Derycke, chef de bataillon, accompagné d'un capitaine, lesquels sont venus tout ésoufflés et m'ont fait le rapport suivant :

Qu'ils avaient fait deux myriamètres en une heure et demie, pour venir m'avertir que l'ennemi faisait des mouvemens sur Kehl, et qu'ils avaient la certitude qu'au moment de leur départ l'ennemi n'était qu'à deux myriamètres de l'endroit d'où ils étaient partis, et qu'ils étaient prévenus par des voies sures que la place de Kehl devait être surprise avant deux heures du matin par un corps de cavalerie. Sur ce rapport je n'avais que le temps de prendre les mesures nécessaires pour mettre ma troupe en position, afin de bien recevoir l'ennemi au cas où il se présenterait. J'ai en conséquence envoyé une ordonnance au général commandant la cinquième division militaire, pour lui rendre compte du rapport qui venait de m'être fait par le susdit citoyen Derycke, chef de bataillon, et le capitaine son camarade, en l'invitant de prendre toutes les dispositions qu'il croira nécessaires pour la conservation importante de la place de Kehl, au cas que je fusse attaqué avant le jour, selon que le rapport avait été fait. (a).

Signé **Fuchs**, commandant de la place de Kehl.

Pour copie conforme à l'original en mon pouvoir ;
Signé ***Chateauneufrandon***.

______

(a) On croirait peut-être qu'après avoir prononcé aussi arbitrairement sur mon compte, on aurait sévi contre les individus qui, sur les derrières de l'armée, ont accrédité ce bruit, et contre le chef de bataillon *Derycke*, qui, au surplus, n'a été qu'un écho,

(N.º 4.)

Rapport du citoyen D. F. Derycke, chef de bataillon.

Strasbourg, le 26 ventôse, an 7 de la République.

D'APRÈS les ordres du général de division, chef de l'état-major-général, Ernouf, je suis parti hier à trois heures après midi de Strasbourg pour me rendre à Villingen, prendre le commandement de cette place. Étant passé au fort de Kehl, j'ai trouvé plusieurs voitures allant à Offembourg, avec lesquelles j'ai continué la route jusqu'à Agens. En voyageant j'ai appris par ces paysans que les Autrichiens étaient à cinq myriamètres de cette route. Étant arrivé à Agens je me suis adressé au bourguemaître pour demander une autre voiture pour continuer ma route (attendu que les paysans se préparaient pour y loger). Le bourguemaître me demanda si je ne savais pas que le bruit courait que les Autrichiens n'étaient pas loin de leur village, et que le peuple les attendait sans retard ? Je lui ai répondu que je ne le croyais pas. En attendant l'arrivée de la voiture j'entrai dans une auberge vis-à-vis sa demeure, où je trouvai plusieurs bourgeois en conversation ensemble sur l'arrivée des Autrichiens : ils les attendaient à tout instant; ils nommaient plusieurs villages où ils étaient déjà. Un d'entr'eux vient à moi me parler en allemand; j'ai répondu que je ne comprenais pas l'allemand. Alors il me parla en français et me fit voir un passeport, signé et scellé d'un prince, écrit en français, pour venir à Strasbourg, me demandant s'il était bon pour entrer en cette ville; je lui ai répondu oui. Il alla auprès des autres bourgeois,

---

et ne me paraît pas avoir eu de mauvaise intention, puisqu'il n'a fait que répéter un bruit authentique : mais, loin de là, il a obtenu des lettres de commandement de place, quoique le général Bernadotte ait réclamé son arrestation. Mais il fallait que l'injustice fût à son comble et que je fusse seul responsable.

disant qu'il devait entrer ce matin en ville pour des affaires de conséquence, et que, pour demain, ils ne verraient plus de Français dans leur commune. Aussitôt que la voiture fut prête je continuai ma route jusqu'à Offembourg, où je suis arrivé vers les dix heures du soir. Je suis allé demander un billet de logement chez le commissaire chargé de cette fonction, où il se trouva un bourgeois de la ville qui parlait bon français, à qui le commissaire fit voir mon ordre. Ce bourgeois me dit qu'il ne me conseillait pas d'aller à Villingen ; qu'il savait de bonne part que la même nuit l'ennemi arriverait dans cet endroit, et que j'en trouverais sur la route. Il fut chercher un autre commissaire de l'endroit pour me faire croire ce qu'il avançait. Quand ce commissaire fut arrivé il me fit voir une lettre d'un commissaire de la République, par laquelle il était chargé d'avertir tout militaire et convoi de la République de ne plus passer par la route de Villingen, mais de prendre la route de Halsbourg. Il me dit qu'un officier était arrivé dans l'instant, venant de Villingen. Je me suis informé où il logeait, et ayant reçu mon billet de logement, ainsi que deux autres citoyens qui faisaient la route avec moi et qui eurent leurs billets pour deux différentes maisons, le bourgeois dit au commissaire de garder les billets, comme il était tard, qu'il nous prendrait tous les trois pour loger chez lui. Étant arrivé chez lui, il dit : je vous préviens que je vous ai demandé chez moi pour avoir l'occasion (vu que vous êtes honnêtes hommes) de vous dire que l'ennemi est maintenant à trois myriamètres d'ici, et que, demain matin, vous serez pris ici. Après une longue conversation il me dit : faites attention que tout ce que je vous avance est vérité, et les Autrichiens seront demain matin aux environs de Kehl. Il fait venir un homme qui était logé chez lui et qui était un commissaire résidant à Kehl (selon son dire), lequel nous assura avoir vu les Autrichiens à trois myriamètres de la ville vers le sud.

Le bourgeois me dit ensuite : Voilà votre chambre, logez-y si vous voulez; mais, dit-il, je vais, si vous voulez, vous donner ma signature comme quoi tout ce qui m'appartient sera à vous, si demain matin les Autrichiens ne sont pas arrivés ici; je suis français dans l'ame, ajouta-t-il, et je vous préviens en ami: faites ce que vous voudrez.

Après avoir réfléchi sur tous ces passages, j'ai pris le parti d'aller trouver l'officier dont le commissaire m'avait parlé et qui venait de Villingen; c'était justement le capitaine Flaminck, placé par le général Ernouf en qualité d'adjudant dans cette place. Je lui ai demandé ce qu'il y avait de nouveau : il m'a répondu être parti de Villingen à neuf heures du matin; qu'il n'y avait pas de militaires cantonnés; mais qu'il ne savait rien autre de nouveau.

Après lui avoir donné connaissance de tout ce qui m'était arrivé, nous avons trouvé à propos de revenir à Strasbourg. Je suis arrivé à deux heures du matin à Kehl, où j'ai rendu compte au commandant, en lui recommandant de faire arrêter celui muni du passeport du prince pour entrer ce matin dans cette ville.

Le chef de bataillon, *signé* D. F. DERYCKE.

Pour copie conforme à l'original en mon pouvoir; Signé *CHATEAUNEUFRANDON.*

(N.º 5.)

Supplément à la pièce ci-dessus.

JE soussigné déclare que le vingt-six ventôse, vers les six heures du soir, les citoyens Derycke, chef de bataillon, Flaminck, capitaine, accompagnés du citoyen Vernier, général de brigade, vinrent chez le général Châteauneufrandon, pour lui faire la déclaration suivante, que je reçus, le général Châteauneufrandon ne pouvant en ce moment parler à ces citoyens à raison de ses grandes occupations. Les citoyens Derycke et Flaminck me dirent que, se trouvant le même jour chez le commissaire des guerres Stouhlen, ils y avaient entendu un autre commissaire des guerres, dont ils ne purent me dire le nom, qui avait dit en leur présence qu'étant sur la rive droite et s'acheminant vers le quartier-général, il avait été obligé de revenir sur ses pas pour ne pas être pris par l'ennemi, qui s'avançait sur Kehl.

Le général Vernier avait accompagné lesdits citoyens pour leur servir d'interprète (ces officiers ne parlant pas très-bien le français).

A Strasbourg, le 27 ventôse an 7.º

Le chef d'escadron, aide-de-camp du général Châteauneufrandon; *signé* J. S. BLANQUET.

Je certifie le présent véritable; *signé* VERNIER.

Pour copie conforme à l'original en mon pouvoir;
Signé CHATEAUNEUFRANDON.

J'étais, depuis environ quinze jours, retenu dans mon lit par un rhumatisme universel, qui m'ôtait l'usage des pieds et des mains, mais qui ne portait aucun préjudice aux ordres que j'avais à donner continuellement pour le service de ma division. Quelques grenadiers ajoutèrent au premier rapport (N.º 1.), qu'il leur serait bien difficile de tenir à Kehl avec si peu de troupes (il n'y avait en effet qu'un bataillon partagé entre Kehl et Auenheim).

Je leur dis : Mes camarades, vous y tiendrez, et j'y tiendrai avec vous, parce que je vais m'y faire porter, et nous ferons sentir encore à l'ennemi la force et le courage des républicains. Sur ce, ils tirèrent leur sabre et me dirent : brave général,

guéris-toi, commande nous, et nous te répondons
de tout.

Je fis appeler le général de brigade Paillard,
chargé du commandement de la partie de Kehl,
Auenheim et des îles du Rhin, ainsi que le général
de brigade Jordy, commandant la place de Strasbourg, et les officiers supérieurs du génie, de
l'artillerie et de mon état-major. Aucun ne me
parut étonné de cet événement, depuis qu'on
était instruit que le général Jourdan avait quitté
le revers des montagnes de la Forêt-noire, Freudenstadt, le Kniebis et Villingen, et dès-lors que
ces positions importantes n'étaient point occupées
par quelques troupes, ou de son armée, ou de
celle d'observation .... Tous se rappelèrent qu'à
la dernière campagne une semblable marche de
l'ennemi sur Kehl s'était opérée avec la même rapi-
dité .... Je n'avais dans toute la division, depuis
Huningue jusqu'à Landau, que quatre bataillons
de garnison venant de l'Helvétie, composés de
conscrits non armés, ni chaussés, ni équipés ;
savoir, un à Huningue, un à Neuf-Brisac, un
entre Kehl, Auenheim et les îles du Rhin, et
l'autre à la citadelle de Strasbourg .... Les gardes nationales des deux départemens des haut et
bas Rhin faisaient déjà le service de toutes les
autres places de la division et de la ligne du Rhin,
pour l'exécution des lois concernant les frontières .... Je fis porter le bataillon de la citadelle
sur Kehl ; il fut remplacé par un de ceux de la
garde nationale de Strasbourg, qui, depuis long-

temps, fait continuellement le service de cette place. Je ne pouvais, sans danger, toucher à ceux d'Huningue, des neuf et vieux Brisac ; d'ailleurs, la circonstance était trop pressante. Je n'avais, non plus, aucune cavalerie ; celle de la garde nationale faisait le service de la correspondance sur toute la ligne, partout où il pouvait s'en trouver, ainsi qu'à Strasbourg, et même sur la rive droite, jusqu'à Rastadt, pour la communication de nos ministres plénipotentiaires . . . . J'attendais bien les 101.ᵉ et 104.ᵉ nouvelles demi-brigades et le 16.ᵉ régiment de cavalerie ; mais ils ne devaient arriver que dans une huitaine de jours. Mon projet était de les porter vers le Kniebis, Freudenstadt et Villingen, depuis que je savais que le général Jourdan avait abandonné cette position, quoique je n'en eusse pas les instructions expresses ; mais, par ce moyen, j'unissais l'armée d'observation avec celle du Danube, et je garantissais ce front du Rhin de tout événement.

Certes, malgré tous les rapports ci-dessus, je ne pensais pas, comme on a voulu peut-être le faire croire, que la marche de l'ennemi fût aussi rapide, parce qu'on publiait dans Strasbourg que la colonne de troupes autrichiennes, conduite par le général Starray, qui me paraissait être la seule qui pût opérer ce mouvement par le Kniebis, venait de prendre sa direction vers l'armée du prince Charles, depuis que celle du Danube avait changé de position, et marchait vers l'ennemi. Mes lettres n.ᵒˢ 7 et 8, adressées au ministre de la guerre par le télégraphe les 26 et 27, prouveront mon peu d'inquiétude à cet égard. Mais, en pareil cas, un général prévoyant ne doit compter sur aucune combinaison ni donnée politique, ni attendre la vérification des faits; il doit, au contraire, se mettre en mesure, comme si l'événement devait arriver: il s'agissait seulement de les prendre telles qu'elles ne fussent pas superflues, *ni intempestives.* Je fis en conséquence l'adresse ci-après.

(N.º 6.)

Adresse du général divisionnaire, Châteauneuf-randon , commandant la cinquième division militaire, aux habitans des départemens du haut et du bas Rhin.

Citoyens,

L'ennemi, dit-on, s'avance pour attaquer votre territoire, et particulièrement Strasbourg. Braves habitans de ces murs ! l'honneur vous est encore réservé d'ajouter à la défense de vos foyers : il vous suffira de paraître; et l'ennemi, trompé dans l'attente du peu de forces qu'il croit exister dans cette place et dans toutes celles du Rhin, y trouvera des bataillons nombreux, des citoyens et des familles entières, fiers de leur liberté, assurés de vaincre ceux qui osent venir les attaquer.

Braves Habitans du haut et bas Rhin ! volez sur vos frontières : vous êtes mis, en conséquence, au nom de la loi, en réquisition permanente. Il est beau pour vous de répondre à tous les Français que leur terri-toire ne sera pas violé. Volez, en colonnes mobiles, à la voix de vos respectables administrateurs ! Ne perdez pas un instant ; vous aurez de nouveau bien mérité de la patrie; et je prends ici l'engagement le plus sacré de rechercher jusqu'aux plus petites actions de zèle de chacun de vous, pour les transmettre aux généraux en chef de ces armées, et au gouvernement, qui ne manqueront pas de les faire connaître à la France et à la postérité.

Au surplus, par cet appel fait de vos personnes, ne pensez pas que vos barrières et vos places puissent être impunément attaquées dans ce moment où leur force vous garantit de tout danger pour vous, vos familles, et la République. Cette mesure tient à la majesté imposante qui doit accompagner le peuple français, quand on ose l'attaquer.

Le général divisionnaire, commandant la 5.ᵉ division militaire,

Signé CHATEAUNEUFRANDON.

J'ai déjà dit plus haut que la plupart des gardes nationales de la 5.ᵉ division militaire faisaient le service des places et de la ligne du Rhin, faute de troupes; et il était essentiel qu'elles le continuassent. Je fixai plusieurs points sur le front du département du Bas-Rhin pour la réunion de ces colonnes mobiles; j'y envoyai des officiers supérieurs, et l'administration centrale du département du Bas-Rhin y envoya aussi des administrateurs pour en presser le mouvement. *Jamais on ne vit une plus grande célérité, et on peut dire avec vérité que les habitans des départemens de cette partie du Rhin font et feront toujours une armée formidable et redoutable pour tout ennemi qui voudrait en violer et compromettre le territoire* .... Cette force parut me suffire dans le moment, jusqu'à ce que j'eusse pris de plus grands éclaircissemens sur la certitude du bruit répandu. J'écrivis particulièrement à l'administration centrale du département du Haut-Rhin, pour l'engager à ne point faire mettre ses colonnes mobiles en mouvement jusqu'à nouvel ordre, mais à prendre seulement ses dispositions ; je le dis de même à un administrateur qui me fut envoyé par cette administration. On me rapporta que le département de la Meurthe, instruit par le passage d'un courrier, avait offert à l'administration centrale du bas Rhin de faire marcher ses gardes nationales ; mais je l'en fis remercier, comme mesure prématurée.

Ci-après mon premier avis, donné par le télégraphe au Ministre de la guerre.

(N.º 7.)

Copie de la lettre du général divisionnaire Château-neufrandon au ministre de la guerre , du 26 ventôse an 7 , N.º 1119.

J'AI été instruit à quatre heures du matin, citoyen ministre, que l'ennemi marchait à grands pas sur Strasbourg, par la route de Rastadt ou la vallée d'Oberkirch, du moment qu'il a appris que le général Jourdan s'était porté sur sa droite, par suite des actions du général Massena ; j'en rends compte à ce général, ainsi qu'au général Bernadotte, qui est à Mayence, et j'observe que quatre simples bataillons de garnison, sans la moindre cavalerie, ne peuvent suffire, et que l'élan et le courage des habitans de ce département me paraissent la seule mesure que j'aie à employer dans cette circonstance; et je la mets en usage. J'ose vous rappeler les approvisionnemens de siége de tout genre.

Salut et dévouement. Signé CHATEAUNEUFRANDON.

Pour extrait certifié conforme au registre; Signé CHATEAUNEUFRANDON.

B

J'ai rendu compte en même temps, par des courriers extraordinaires, aux généraux Jourdan et Bernadotte, l'un et l'autre à plus de 20 myriamètres de Strasbourg. J'expédiai aussi un officier aux ministres plénipotentiaires français au congrès de Rastadt, pour leur demander les renseignemens qu'ils pouvaient avoir à cet égard. Je fis partir encore des citoyens affidés de cette commune, qui s'offrirent pour aller reconnaître toutes les routes et la portée de l'opinion publique sur la marche de l'ennemi . . . . J'établis un observateur sur la tour, d'où l'on découvre jusqu'au débouché des montagnes, pour me rendre compte à tous momens de ce qu'il apercevrait . . . . Vers la fin du jour, celui-ci n'ayant rien aperçu, j'écrivis la lettre ci-après au Ministre de la guerre.

(N.º 8.)

Copie de la lettre du général divisionnaire Châteauneufrandon, au citoyen Lefebvre, directeur du télégraphe, du 26 ventôse an 7. N.° 1120.

JE vous prie, citoyen, de transmettre demain matin au Ministre de la guerre, que, depuis mon avis de ce matin, j'ai quelque certitude assez probable que la marche des ennemis ne peut être aussi rapide qu'on le suppose, mais que, dans tous les cas, ils trouveront toujours les héros de la liberté et les vainqueurs de la tyrannie.

Salut et fraternité. *Signé* CHATEAUNEUFRANDON.

Pour extrait certifié conforme au registre; Signé CHATEAUNEUFRANDON.

Toute la journée du 26 et toute la nuit furent employées à rendre la défense de Kehl et d'Auenheim aussi forte que possible . . . . Il n'est pas indifférent de dire ici que ces têtes de pont importantes, confiées particulièrement à la surveillance du Génie, ont été abandonnées, au grand regret des officiers recommandables de cette arme, qui n'ont pas obtenu de fonds pour y faire travailler, ni reçu d'ordre direct à cet égard . . . . Je dois aussi faire connaître que ces têtes de pont étaient distraites de cette division lorsque j'en ai pris le commandement, et que ce n'est que lorsque l'armée du Danube a passé le Rhin, que cette division, faisant partie de celle d'observation, a repris uniquement ce territoire sur la rive droite, sans aucun autre rapport de service ni de surveillance sur tout ce qui est au-delà, de sorte que je n'ai pu connaître ni, par conséquent, empêcher l'éclat des bruits répandus sur les derrières du front que le général Jourdan venait de faire abandonner à son armée, avant que sur la rive gauche, avec laquelle les rapports commerciaux sont journaliers, l'on n'en fût instruit.

Le 27, un des citoyens qui s'étaient rendus par le Kniebis très-en-avant sur la route de la Forêt-noire, étant revenu, et m'ayant rapporté qu'en effet le bruit de la marche de l'ennemi était semé parmi tous les habitans ; qu'ils en croyaient même déjà le quartier général à Stuttgardt, et qu'un corps se rendait devant Philippsbourg pour en faire lever le siége, mais que rien encore n'en annonçait la certitude, si ce n'est le soulèvement et l'armement des habitans de cette partie de la Forêt-noire, pour empêcher les troupes françaises de reprendre aucune de ces positions ; les ministres plénipotentiaires au congrès de Rastadt, m'ayant aussi mandé qu'aucun avis ne leur était parvenu, mais qu'ils avaient envoyé un courrier à Stuttgardt, pour être mieux informés, je commençai à rallentir les mesures prises pour la réunion des colonnes mobiles de ce département. Je récrivis de nouveau au général Jourdan la lettre ci-après.

(N.º 9.)

Copie de la lettre du général divisionnaire Château-neufrandon au général en chef Jourdan, du 27 ventôse an 7.

DEPUIS ma lettre d'hier, citoyen général, après avoir envoyé, sur cinq points différens, des personnes sûres pour m'assurer de l'authenticité de la marche de l'ennemi sur ce point, il n'en est encore revenu qu'une, qui confirme tous les on dit que le quartier-général d'une colonne est à Stuttgardt. Je profite du passage d'un de vos aides-de-camp pour vous faire passer copie d'un rapport du citoyen Derycke, chef de bataillon, qui, allant à Villingue y commander en vertu de votre ordre, a cru devoir rétrograder, et a mis l'alarme à Kehl dans la nuit du vingt-cinq au vingt-six ; mais, enfin, quelle que soit la marche de l'ennemi, nous sommes assez forts à Kehl et à Strasbourg, par les mesures prises sur-le-champ pour obtenir, non pas des diversions de votre part, mais quelque renfort de garnison. Il paraît aussi certain qu'il se dirige une colonne ennemie sur Philippsbourg pour en faire lever le siege (*b*). Quelques commissaires des guerres ou

---

(*b*) Cet avis s'accorde parfaitement, comme on le verra, avec l'opinion du général Jourdan, inserée dans sa lettre du 28, n.º 12.

employés de l'armée, qui sont chargés de l'évacuation sur les derrières de vos premières marches, paraissent incertains sur la sureté de leur évacuation, qui leur a été ordonnée par Villingue ; ils me consultent à cet égard : dans un pareil cas j'ai pensé qu'ils pouvaient se diriger sur Strasbourg, pour de là vous parvenir par Brisac ou Bâle.

Salut et dévouement. *Signé* Chateauneufrandon.

Pour extrait certifié conforme au registre;
Signé *Chateauneufrandon.*

Le 28, nos ministres plénipotentiaires au congrès de Rastadt m'ayant fait passer une lettre du citoyen Trouvé, ministre plénipotentiaire à Stuttgardt, qui démentait toute marche aussi rapide de l'ennemi; et celui des citoyens qui avait été sur ce point, m'ayant rapporté qu'on disait qu'une partie de la *colonne de Starray* paraissait avoir changé sa direction, pour se réunir à l'armée du prince Charles, je m'empressai de lever ma réquisition par l'adresse ci - après.

(N.º 10.)

ARMÉE D'OBSERVATION,

Commandée par le général en chef BERNADOTTE.

Au quartier-général à Strasbourg, le 28 ventôse, an 7 de la République française.

Adresse du général divisionnaire Châteauneuf-randon, commandant la cinquième division militaire, aux habitans des départemens du haut et du bas Rhin.

Citoyens,

Au même moment où la malveillance cherchait à jeter l'alarme sur ces frontières, par les avis semés d'une marche soudaine et rapide de la part de l'ennemi sur Strasbourg, l'une de nos armées, celle d'Helvétie, le général Massena, continuaient à remporter des victoires, et viennent de compléter la conquête des Grisons, en faisant douze mille Autrichiens prisonniers. Braves habitans du Bas-Rhin et de Strasbourg, il ne vous a fallu qu'un instant pour vous voir préts à terrasser l'ennemi, si les positions de l'armée du général Journal n'eussent servi d'obstacle à sa marche (*c*).

Je vous l'avais promis, je devais rechercher jusqu'aux moindres actions de votre zèle, pour les faire transmettre au gouvernement : rentrez dans vos foyers avec l'assurance que vos frontières ne réservent à l'ennemi que la honte et la mort. Je me ferai un devoir de vous faire connaître jusqu'à quel point vous avez donné des preuves d'empressement dans cette circonstance, en désignant les cantons qui, par suite de votre première réunion, vont achever l'ouvrage de vos colonnes mobiles : hâtez-les; je vous obtiendrai des armes, et vous vous immortaliserez auprès de tous les enfans de la grande nation, en exécutant la loi qui vous appelle à l'honneur de défendre la barrière imposante et impénétrable du Rhin, et des places majestueuses qui le défendent.

Le général divisionnaire commandant la cinquième division militaire; signé CHATEAUNEUFRANDON.

On sera bien étonné, sans doute, de voir qu'après une conduite aussi précisée par la série des faits ci-dessus, que par un devoir impérieux, j'ose

---

(*c*) Je n'en étais pas moins dans l'intention de faire porter en avant les corps de troupes que j'attendais, parce que la réalité de l'événement pouvait s'opérer au premier moment ; mais il importait aussi à mes vues militaires et de prudence de faire l'adresse ci-dessus, car je n'étais pas particulièrement convaincu du tout que *les positions alors occupées par le général Jourdan présentassent un obstacle à la direction de l'ennemi sur le front du Rhin.*

dire même dictée autant par la prudence que par la prévoyance, j'aie reçu le 4 germinal une lettre du général en chef Bernadotte, qui m'annonce que le général Jourdan lui a écrit deux lettres, pour lui ordonner de me suspendre de mes fonctions. Ci-joint l'extrait de cette lettre.

(N.º 11.)

Extrait de la lettre du général en chef Bernadotte, du quartier-général à Mannheim, le 4 germinal, an 7 de la République française; au général divisionnaire Châteauneufrandon.

LE général Jourdan m'a écrit deux lettres, citoyen général, pour m'ordonner de vous suspendre de vos fonctions : le général Jourdan établit son ordre sur la précipitation avec laquelle vous avez donné foi aux bruits alarmans qu'on a semés à Strasbourg et sur les derrières de son armée

Je connais le général Jourdan; je connais aussi les bonnes intentions du directoire et du ministre envers les militaires qui servent avec dévouement la chose publique; je sais encore qu'il n'y a que les fautes de caractère qui les affligent, et qu'un excès de zèle n'est pas un crime à leurs yeux.

Je sais que, dans une circonstance comme celle où vous vous êtes trouvé, il faut qu'un républicain ait dix fois tort pour qu'on le punisse d'une manière aussi évidente.

Vous avez besoin de repos, général; prenez-le. Je vous accorde un congé de quinze jours ; je désire qu'il puisse vous mettre à même de vous présenter bientôt devant l'ennemi, pour lui prouver que, si vous savez prendre des mesures, vous savez aussi le combattre.

Ce n'est pas une suspension, général, que je vous

B 4

transmets, ni que j'ordonne; mais c'est un congé de quinze jours, pour vous mettre à portée, je vous le répète, de rétablir votre santé : pendant ce temps je recevrai des instructions du ministre ou du directoire.

Croyez, général, que je n'en désire aucune qui ne vous soit agréable. *Signé* BERNADOTTE.

Pour copie conforme à l'original en mon pouvoir; Signé *CHATEAUNEUFRANDON.*

Mais la surprise augmentera bien davantage, lorsqu'on lira les lettres du général Jourdan lui-même et du général Ernouf, en date du 28, et que je n'ai reçues que le 29, où il avoue lui-même la possibilité et la crainte du mouvement dont le bruit s'était répandu et qui nous est arrivé des derrières de son armée. Certes je n'avais pas besoin, pour ma justification, de m'attacher à prouver que le mouvement de l'ennemi était possible, et même présumable, parce qu'il me suffisait, pour exciter ma sollicitude et ma surveillance, d'en avoir eu l'avis. Mais le général Jourdan lui-même en fournit l'occasion.

(N.º 12.)

Copie de la lettre du général en chef Jourdan, du quartier-général de Pfullendorf, le 28 ventôse, an 7 de la République française; au général divisionnaire Chateauneufrandon, commandant la cinquième division militaire.

J'AI reçu, citoyen général, votre lettre du vingt-six courant, que vous m'avez fait passer par un courrier extraordinaire, et par laquelle vous m'annoncez que l'ennemi s'avance à grandes journées sur la vallée d'Oberkirch. J'ai lieu de croire que cette nouvelle est un peu prématurée, par la raison que des lettres que j'ai reçues de Stuttgardt, en date du vingt-six, ne m'en disent pas le mot. *Il est cependant possible, et même présumable, que l'ennemi ait le projet d'exécuter ce mouvement (d)*; mais dans ce cas on ne peut lui supposer que l'objet de secourir Philippsbourg, ou celui d'agir contre l'armée d'observation et celui d'intercepter mes communications (e).

Je pense donc, citoyen général, que votre zèle vous a présenté le danger beaucoup plus imminent qu'il ne l'est à l'égard du point de *Kehl* : je ne puis croire que l'ennemi ait intention de l'attaquer, et je lui crois encore moins le pouvoir de s'en rendre maître (*f*).

Je viens de vous dire que je croyais présumable le mouvement d'un corps ennemi au-delà de mon aile gauche, et c'est pour cette raison que j'ai fait établir un pont à Brisac. J'ai invité le général Bernadotte à presser sa construction par tous les moyens possibles, ainsi que les travaux nécessaires pour le couvrir : je l'ai invité égale-

---

(*d*) Je prouve aussi, par des déclarations d'officiers de l'état-major général, que, dans le même moment de l'allerte donnée sur l'attaque de Kehl, l'on présumait à l'armée qu'elle pourrait être attaquée sur sa gauche, par un corps de troupes débouchant de la Forêt-noire.

(*e*) Et ces communications ne pouvaient être interceptées qu'en débouchant, partie par le Kniebis, partie par Rastadt.

(*f*) Eh ! comment ne s'en serait-il pas rendu maître, *si je n'avais pas pris les mesures qu'on me reproche, dans l'état où il se trouvait,* car Kehl n'est autre chose qu'un amas de décombres, suite de son fameux siége, et tandis qu'on sait que les ouvrages en terre, qui ont été construits par ordre du général Augereau, ne pouvaient servir à autre chose qu'à protéger une retraite, et auxquels le général Jourdan lui-même, depuis son avénement à l'armée, n'a rien ordonné d'ajouter ! Quant à l'envie qu'il n'en supposait pas à l'ennemi, on sait qu'il en est maintenant à trois myriamètres, et qu'il y a tous les jours des combats entre ses troupes et les nôtres.

ment à y placer des troupes pour le défendre. Je ne doute pas que ce général ne s'empresse de seconder mes intentions. Je vous recommande de votre côté, citoyen général, de faire tout ce que vous pourrez pour leur exécution.

Dès l'instant que je me suis éloigné de la vallée de la Kintzig, j'ai donné au chef de l'état-major général et à l'ordonnateur en chef l'ordre de suspendre la marche des convois par Kehl, et de les faire diriger par Neuf-Brisac et Bâle. Vous devez avoir été prévenu de ces dispositions, et je vous recommande d'y tenir la main.

Salut et fraternité. *Signé* JOURDAN.

Pour copie conforme à l'original en mon pouvoir;
Signé *CHATEAUNEUFRANDON.*

(N.º 13.)

Copie de la lettre du général de division Ernouf, chef de l'état-major-général, du quartier-général de Pfullendorf, le 28 ventôse, an 7 de la République française; au général Châteauneufrandon, commandant la cinquième division militaire.

L'INTENTION du général en chef est, mon cher général, qu'au reçu de la présente vous donniez ordre à la nouvelle compagnie d'ouvriers, formée à Strasbourg et appartenant au quatrième bataillon de sapeurs, ainsi qu'à vingt hommes pris parmi les mineurs actuellement à *Mutzig*, de se rendre à *Freudenstadt*, pour y travailler sous les ordres du capitaine du génie Réville. Vous leur ferez passer le Rhin à *Kehl*, si toutefois vous pensez qu'ils puissent arriver à leur destination sans être compromis; autrement vous les dirigeriez par le pont de Neuf-Brisac (*g*).

Salut et fraternité. *Signé* ERNOUF.

> *Pour copie conforme à l'original en mon pouvoir;*
> Signé CHATEAUNEUFRANDON.

Comment peut-il se faire, comme on va le voir aux n.ºs 14 et 15, qu'en un ou deux jours de temps, le général Jourdan ait pu changer de langage et de style, ou plutôt ses rédacteurs, car dans la position d'un général en chef, et sur tout dans celle où il se trouvait alors, il est difficile de pouvoir rédiger toutes ses lettres soi-même . . . Je n'ai pu m'empêcher de lui en témoigner et mon affliction et mon étonnement, ainsi qu'au général Ernouf, de leur annoncer *que je me constituais prisonnier, et de leur demander un conseil de guerre pour me juger;* mais on verra encore dans leur réponse la manière dont on leur fait éluder une demande aussi légitime, et le peu de conséquence qui se trouve avec leurs premières opinions et avec l'évidence des faits précités.

(N.º 14.)

Copie de la lettre du général en chef Jourdan, datée de Weiller près d'Uttingen, du 6 germinal, an 7; au général Châteauneufrandon.

LES précautions que vous avez prises, citoyen général, pour assurer la tranquillité du département

---

(*g*) En effet, la restriction était bien prévue, car une compagnie de sapeurs, laissée pour travailler aux redoutes du Kniebis, a été obligée, par le rassemblement et l'armement des habitans, de se retirer.

du Bas-Rhin, bien loin d'atteindre ce but, n'ont, au contraire, que semé l'alarme et la terreur dans tout ce pays : je n'ai pu dissimuler au gouvernement la peine que j'en ai ressentie, sur tout dans un moment où, éloigné de plus de quarante lieues de la frontière, je tenais en échec les forces considérables de l'ennemi. Vos manœuvres ne tendaient qu'à faire, sur les derriè es de l'armée, une levée de boucliers par les habitans de la Forét-noire; vous étiez donc bien loin de déjouer les manœuvres sourdes du prince Charles. Au surplus, c'est au gouvernement à prononcer sur vos intentions; je désire de tout mon cœur qu'elles n'aient eu que des motifs louables.

J'ai reçu aujourd'hui une dépeche du ministre de la guerre, qui me charge de prendre, sur cette affaire, des renseignemens et de les lui transmettre le plus tôt possible : il m'a paru aussi affecté que moi des suites fâcheuses de cette affaire (*h*).

Salut et fraternité. *Signé* JOURDAN.

P. S. Depuis le trente ventóse j'ai eu, avec le prince Charles, plusieurs affaires marquantes. Dans la dernière, qui a eu lieu le cinq et duré treize heures, je suis resté maître du champ de bataille et ai fait quatre mille prisonniers. Mais l'armée ennemie, forte de soixante mille hommes, recevant tous les jours des renforts, je me trouve, quoique victorieux, forcé de rétrograder, pour ne pas laisser détruire tout-à-fait l'armee du Danube. Je couvrirai les défilés des montagnes noires, de manière à ce que le département du Bas-Rhin n'ait rien à craindre, et je me porterai en avant aussitót que j'aurai reçu les renforts qu'on m'a promis.

Pour copie conforme à l'original en mon pouvoir; Signé *CHATEAUNEUFRANDON.*

(*h*) Il est moralement et physiquement prouvé que l'armée du Danube ne tenait pas, à cette époque, toutes les forces de l'ennemi en échec, comme on le prétend. La lettre du général Jourdan, n.º 12, infiniment bien calculée d'après toutes les probabilités,

(N.º 15.)

Copie de la lettre du général de division Ernouf, chef de l'état-major-général de l'armée, du quartier-général de Villingen, le 8 germinal, an 7 ; au général divisionnaire Châteauneuf-randon.

J'ai reçu cette nuit, citoyen général, votre lettre du six courant, concernant la suspension momentanée de vos fonctions, prononcée par le général en chef. Je suis fort éloigné de croire que les alarmes répandues sur la rive gauche du Rhin doivent retomber entièrement sur vous, et cet événement ne doit point vous alarmer pour votre réputation. Le général en chef a dû nécessairement concevoir des inquiétudes d'après le rapport que vous lui avez adressé, et qui ne s'est trouvé fondé que sur des bruits vagues, ou parce que le mouvement de l'armée du Danube a nécessité un changement dans la direction des correspondances

et digne d'un caractère franc et loyal, comme on a aimé et comme on aime à le reconnaître dans lui, le confirme et se réunit à l'évidence du contraire, de même que les observations insérées dans la lettre du général Bernadotte, n.º 17 . . . . Certes, quels eussent donc été mes motifs à supposer autres que ceux dignes d'éloges ; je défie à tout machiavélique inventeur de les articuler et d'en supposer d'un autre genre... Pour présenter à l'armée l'apparence d'un tort et couvrir l'injustice à mon égard, on y a fait répandre que je devais faire replier le pont de Kehl, et par conséquent lui couper la possibilité d'une retraite. D'abord je ne crois pas qu'au moyen des mesures que j'avais prises j'eusse été réduit à cette nécessité : mais quand j'y aurais été forcé, peut on supposer que le général Jourdan eût cherché à faire une retraite sur un point occupé par l'ennemi ? Cette idée est hors de tout bon sens ; et d'ailleurs on voit positivement par sa lettre n.º 12 , qu'il avait prévu cet événement, par l'établissement d'un pont à Neuf - Brisac , et renoncé à celui de Kehl. J'ai été instruit de ce fait par beaucoup d'officiers généraux, supérieurs et autres, qui sont venus me voir à leur retour, et dont l'estime et l'opinion me consolent de l'oppression que j'éprouve et qui m'honore.

et des communications. Cet événement pouvait éclairer l'ennemi sur notre position, et, lui faisant connaître quelles étaient nos craintes, le déterminer à les réaliser. Vous ne devez donc voir dans la conduite du général en chef envers vous qu'une mesure dictée par la prudence pour faire cesser les bruits alarmans répandus surement par la malveillance (*i*).

Au reste, je pense que cet événement ne peut pas avoir des suites fâcheuses, et je suis persuadé que vous n'aurez pas de peine à vous justifier ; mais à présent vous devez attendre la décision du directoire exécutif, à qui le général en chef a rendu compte de cette affaire ; et vous devez compter sur la justice du gouvernement et sur la pureté de vos intentions.

Salut et amitié. *Signé* ERNOUF.

Pour copie conforme à l'original en mon pouvoir ;
Signé *CHATEAUNEUFRANDON.*

Après avoir présenté ces faits avec véracité, et laissé au tribunal de l'opinion publique le soin de me juger, je m'interdis toute autre réflexion particulière qui tendrait à prouver les motifs, étrangers à cette affaire, qui ont pu diriger la conduite du général Jourdan à mon égard. Il me suffira dans ce moment d'engager les lecteurs à appésantir

---

(*i*) Ici le général Ernouf paraît être en contradiction avec la lettre du général Jourdan n.° 12, en ne parlant pas sur le fond avec la même franchise, et en cherchant à me persuader que cet événement était dans le cas d'éclairer l'ennemi sur la nouvelle position de l'armée ; comme si la marche d'une armée de 40,000 hommes n'était pas assez éclatante par elle-même, et comme s'il était à supposer que l'ennemi n'en connût pas la force, ni celle de nos frontiéres, qu'il ne faut pas douter qu'il ne sache aussi bien que nous ! Comment donc cet événement pouvait-il déterminer l'ennemi à réaliser le mouvement annoncé, tandis que les nouvelles forces que je m'étais procurées me mettaient, au contraire, dans le cas de l'arrêter, débouchant du Kniebis ou de Rastadt, et dans

leurs observations sur la série des événemens sur-
venus depuis son passage du Rhin jusqu'au moment où il a exécuté les dispositions contenues
dans le *postscriptum* de sa lettre n.° 14, qui prouve
de plus en plus combien il sentait la nécessité de
venir couvrir le département du bas Rhin, et
occuper les belles positions des montagnes, qui le
sont maintenant *par le général autrichien Starray
lui-même, jusqu'à trois myriamètres de Kehl.* Mais
il eût été, peut-être, plus heureux à cette époque
de voir prendre à cette armée sa direction de
retraite prévoyante sur celle d'Helvétie, où, réunies
ensemble, elles auraient encore présenté au prince
Charles une force imposante, capable de le con-
tenir dans ses positions, ou de le combattre avec
avantage; parce que, comme je l'ai dit plus haut,
deux demi-brigades et un régiment de cavalerie,
étant arrivés, pouvaient garder facilement ces
positions, lier l'armée d'observation avec celle du
Danube, ou l'aile gauche avec le centre, empê-

---

sa direction sur Kehl, et dans celle qu'il aurait pu prendre vers
la gauche de l'armée du Danube? Et dès-lors l'on voit que l'ennemi
eût nécessairement été pris par ses flancs. Je voudrais, sans doute,
voir *un acte de prudence dans la conduite du général Jourdan
à mon égard, et capable de faire cesser les bruits alarmans
répandus.* Mais, comment cela se peut-il, puisque je les avais
déjà, moi-même, éclaircis, dès le 27 et le 28, et par une prévoyance générale, et, j'ose même dire encore, avec une prudence
particulière? Certes, la cessation de mes fonctions n'a pas pu être
prononcée par le général Jourdan avant le premier germinal; il
devait alors avoir reçu ma seconde adresse n.° 10, et, dans tous
les cas, il devait, en homme juste, confiant, et conséquent avec
lui-même, ou me mander près de lui pour recevoir des renseignemens, ou en faire prendre par tout autre moyen.

cher les partis ennemis de se porter sur Philippsbourg et sur le congrès de Rastadt, car on ne
devait pas être sans inquiétude sur ce congrès ni
sur la personne des ministres plénipotentiaires
français : quant à moi je ne l'étais pas depuis que
j'avais vu, presque sous mes yeux, la députation
insultée et un de leurs gens assassiné et mort ;
aussi ajoutai-je à l'avis de l'événement, que je
leur donnai le vingt-six ventôse, la lettre ci-après.

(N.º 16.)

*Copie de la lettre du général divisionnaire Château-
neufrandon aux ministres plénipotentiaires de
la République française au congrès de Rastadt,
du 26 ventôse, an 7.*

Je viens de recevoir par la rive droite, citoyens
ministres, depuis ma lettre cachetée, un imprimé
informe de votre note du vingt-quatre ventôse, rela-
tive à la signification faite au citoyen Bacher de quitter
Ratisbonne. Les amis de la liberté, comme vous et
moi, doivent chercher dans les exemples du passé la
conduite qu'ils ont à tenir dans une circonstance aussi
critique que celle qui se présente aujourd'hui. Les
malheureux Quinette, Lamarque, etc. furent vic-
times de la perfidie de nos ennemis : n'y a-t-il pas
de danger pour vos personnes à Rastadt ? Pesez dans
votre prudence les observations que vous fait un ami
zélé de la chose publique, votre véritable ami : ordon-
nez, et comptez sur mon empressement à prendre
toutes les mesures propres à assurer votre retraite et
protéger vos personnes.

Salut et dévouement. *Signé* CHATEAUNEUFRANDON.

Pour copie conforme au registre;
Signé *CHATEAUNEUFRANDON.*

Brave armée du Danube! tu viens de montrer à l'ennemi, trois fois plus fort en nombre, ce que peut la cause de la liberté sur celle des rois, car malgré ta retraite et les effets incalculables qu'elle produit, on peut te déclarer victorieuse; et si, au milieu de ta victoire, on te suppose quelques revers, l'on en verra bientôt naître de plus grands succès. . .

Et toi Jourdan, l'un des célèbres vainqueurs de Fleurus, en qui tous les Républicains avaient la plus grande confiance, je dois user ici de représailles, et te faire le reproche que tu les as trop méconnus et peu écoutés, et que, par des considérations *personnelles et familières*, tu t'es trop isolé de ton armée, et ne t'es pas assez occupé de lui inspirer la confiance, ni de lui donner cet exemple de sévérité non arbitraire, *ni terrorifiante*, ainsi que de douceur et de justice, qui attire, enflamme les cœurs, et soumet tout à l'union intime et à l'obéissance. . . Certes, c'est cette conduite qui n'a pas peu servi à opérer les événemens dont tu parais te plaindre. Mais, n'importe, si tu reviens à l'armée, on aime encore à le croire, que cette vérité qui doit plaire à un républicain, tel que toi, t'attachera et te rendra la masse des cœurs des défenseurs de la patrie avec lesquels tu combattras victorieusement, sans doute, avec la même bravoure que tu l'as fait, *mais avec plus de prudence*. . . Ne t'offense pas de ces reproches; ils tiennent à la liberté, et dépendent plus de l'opinion générale que de la mienne. Tu m'as donné le droit de me venger en disant une partie du bien et du mal que l'on pense de toi. Je suis ton aîné en révolution, en service, et en preuves évidentes de patriotisme et d'amour pour la République; néanmoins je serai toujours à toi, tant que tu continueras à servir la patrie avec cette sagesse et cette combinaison, qui, en établissant *la concorde générale, et ne protégeant pas le système de division des opinions en deux partis*, soient tout à l'avantage des républicains purs et prononcés.

S'il restait encore quelques reproches à me faire sur ma précipitation à réunir les colonnes mobiles du département du bas Rhin, avant de m'être assuré de la vérité du bruit répandu sur la marche de l'ennemi, je répondrais que j'aime encore mieux pécher par trop de zèle et de prévoyance, que de courir le risque de compromettre ma patrie faute d'avoir pris les mesures convenables pour l'éviter; je dirais encore que cette mesure était capable de tranquilliser le général Jourdan sur tout événement, d'inspirer à son armée de la confiance, de l'empêcher de faire aucune diversion, et bien loin, comme le prétend sa lettre n.° 14, *de semer l'alarme et la terreur dans le département du bas Rhin*, d'en rassurer les habitans sur la crainte de la réalité de ce bruit qui ne m'appartenait pas, et qu'ils connaissaient avant moi ; je dirais encore que cette mesure était capable d'ôter même à l'ennemi l'envie de se présenter sur ce point, ou de lui faire voir combien peu il doit compter sur le refroidissement des habitans de ces frontières et sur le succès d'une malveillance et d'une coalition qu'il n'a cessé d'introduire depuis six mois entre les deux rives, et qui ont toujours été déjouées par le concours de la force armée et de l'administration centrale de ce département; je dirais de plus que, si j'étais dans une circonstance pareille, je tiendrais encore la même conduite; enfin, je m'étaierais de la lettre du général Bernadotte, commandant en chef l'armée d'observation, en réponse au compte que je lui ai rendu, et où l'on verra le rapprochement de mes idées et de mes mesures avec toutes ses observations.

(N.º 17.)

Copie de la lettre du général en chef Bernadotte, du quartier-général de Mayence, le 27 ventôse, an 7 de la République française; au général divisionnaire Châteauneufrandon.

JE reçois à l'instant même, citoyen général, votre lettre de hier. *Comme vous j'ai prévu que, par le mouvement du général Jourdan, sa gauche se trouverait bientôt débordée;* mais j'ai été rassuré lorsque j'ai réfléchi sur l'expérience profonde de ce général, conséquemment sur sa prévoyance (*k*).

Je ne pense pas que l'ennemi tente rien de sérieux sur Kehl avant d'avoir livré bataille au général Jourdan et obtenu quelques succès sur lui : je suis bien loin de croire qu'il réussisse; je connais la valeur et la combinaison du chef, ainsi que l'intrépidité et l'audace des troupes qu'il commande.

(*k*) Néanmoins sa prévoyance n'avait pas été jusqu'à soutenir ses derrières et son flanc gauche; il en convient lui-même dans sa lettre n.º 12, par la présomption et la crainte où il était d'être attaqué : mais encore une fois mes mesures réparaient cet inconvénient.

C 2

D'un autre côté l'ennemi ne s'avancera sur Rastadt que lorsqu'il aura chassé nos postes qui investissent Philippsbourg, et que ceux qui se trouvent à Bruchsal et qui conséquemment vous flanquent, seront forcés de se retirer (*l*).

Le général Ney, qui est à Schwetzingen, qui occupe les deux rives du Necker en avant d'Heidelberg, et qui commande les avant-postes en avant de Philippsbourg, ne m'a encore rien fait dire : *néanmoins, citoyen général, il serait possible, même contre toutes les combinaisons militaires, que quelques corps de troupes se jetassent entre Kehl et nos postes de Bruchsal;* mais ils ne doivent pas vous donner la plus légère inquiétude, lorsqu'ils viendront par Rastadt *avant que l'armée autrichienne occupe le Kniebis* (*m*).

Enfin, citoyen général, tant que l'armée du général Jourdan sera intacte vous n'avez rien à craindre; et fût-elle même entamée, ce qui est contre toute espèce de vraisemblance, il sera glorieux pour vous d'avoir arrêté l'ennemi devant Kehl, s'il s'y présente, et de joindre à votre carrière législative des faits d'armes qui attendent votre courage et votre zèle.

Le trente vous recevrez un régiment de cavalerie, d'après l'avis que vous en a donné le ministre; du trois au six germinal vous recevrez la cent-unième et la cent-quatrième demi-brigades d'infanterie, venant de Besançon : à cette

----

(*l*) Cependant il était plus que probable, et dans toutes les combinaisons militaires, que, si la colonne de Starray eût débouché par les gorges de la Forêt-noire, il eût cherché ou à attaquer l'armée du Danube sur son flanc gauche, ou à venir inquiéter Kehl, ou à se porter sur Philippsbourg, passant par Rastadt et en évitant les avant-postes commandés par le général Ney, par conséquent couper les communications des deux armées, comme on en voit la crainte dans la lettre du général Jourdan, n.º 12; et c'est encore ce à quoi les mesures que j'ai adoptées remédiaient, comme en tout état de cause le général Bernadotte en est d'avis, ainsi qu'on va le voir dans la suite de sa lettre.

(*m*) Et c'est justement par le Kniebis que la marche du corps ennemi était annoncée.

époque vous serez extrêmement fort. En attendant, citoyen général, je suis parfaitement tranquille; votre situation est beaucoup plus belle que celle des troupes qui sont à Mannheim, à Cassel et Ehrenbreitstein : toutes ces places sont gardées par des conscrits, et les habitans sont bien loin d'être Français.

Si le général Châteauneufrandon ne commandait pas Strasbourg, et si la garde des têtes de pont de Kehl et d'Auenheim ne lui étaient pas confiées, j'aurais quelques alarmes : son patriotisme m'est connu, je suis tranquille; *il rassemblera les gardes nationales et tous les habitans de Strasbourg en état de porter les armes : c'est dans les grands obstacles que les républicains se développent* (n).

Pressez, citoyen général, la construction du pont de Brisac : j'espère que le général Jourdan n'en aura pas besoin; mais l'on doit penser à ses derrières.

Salut et fraternité. *Signé* BERNADOTTE.

> *Pour copie conforme à l'original en mon pouvoir;*
> Signé *CHATEAUNEUFRANDON.*

Je pourrais ajouter encore l'assertion favorable des ministres plénipotentiaires de la République française au congrès de Rastadt, et des généraux et officiers distingués de l'armée, ainsi que l'opinion sur cette affaire de beaucoup de représentans du peuple et anciens collégues, qui connaissent et ma moralité et la sincérité de mes principes : mais comme ces pièces précieuses me sont particulières, et ne servent qu'à me prouver la loyauté

(n) Je n'aurais donc fait encore que ce qu'ordonnait le général Bernadotte, mon seul chef reconnu et immédiat; mais son opinion favorable, et d'accord avec ce que j'ai fait, est pour moi plus précieuse que toutes les réintégrations possibles, ainsi que sa lettre précédente (n.° 11) qui m'annonce l'ordre qu'il a reçu pour me faire cesser mes fonctions, car l'une et l'autre tendent à condamner authentiquement le général Jourdan.

de ces fondateurs de la République et à me convaincre que, par tout où il s'en trouve, et il en est, qui éprouvent des revers et des injustices, ils sont environnés des secours et des preuves d'amitié de leurs anciens collaborateurs, je les regarde comme une consolation et une satisfaction plus chère à mes yeux que toutes les réparations possibles et que leur publicité.

Directeurs! j'ai contribué avec vous, par suite des élections libres du peuple, à la révolution et à l'existence de la république. Je défendrai la constitution qui vous établit jusqu'à la mort : mais je ne dois point demander de grâce quand j'ai le droit de tout réclamer de votre justice et de la connaissance parfaite que vous avez de mes principes. Je me retire dans mes foyers; là je donnerai l'exemple de l'exécution des lois, de la confiance due au gouvernement, et si la patrie a besoin de nouveaux défenseurs, rien ne m'empêchera de m'élancer dans les rangs et de vaincre ou mourir en républicain.

CHATEAUNEUFRANDON.

S T R A S B O U R G,

chez F. G. LEVRAULT, imprimeur - libraire.

An VII.

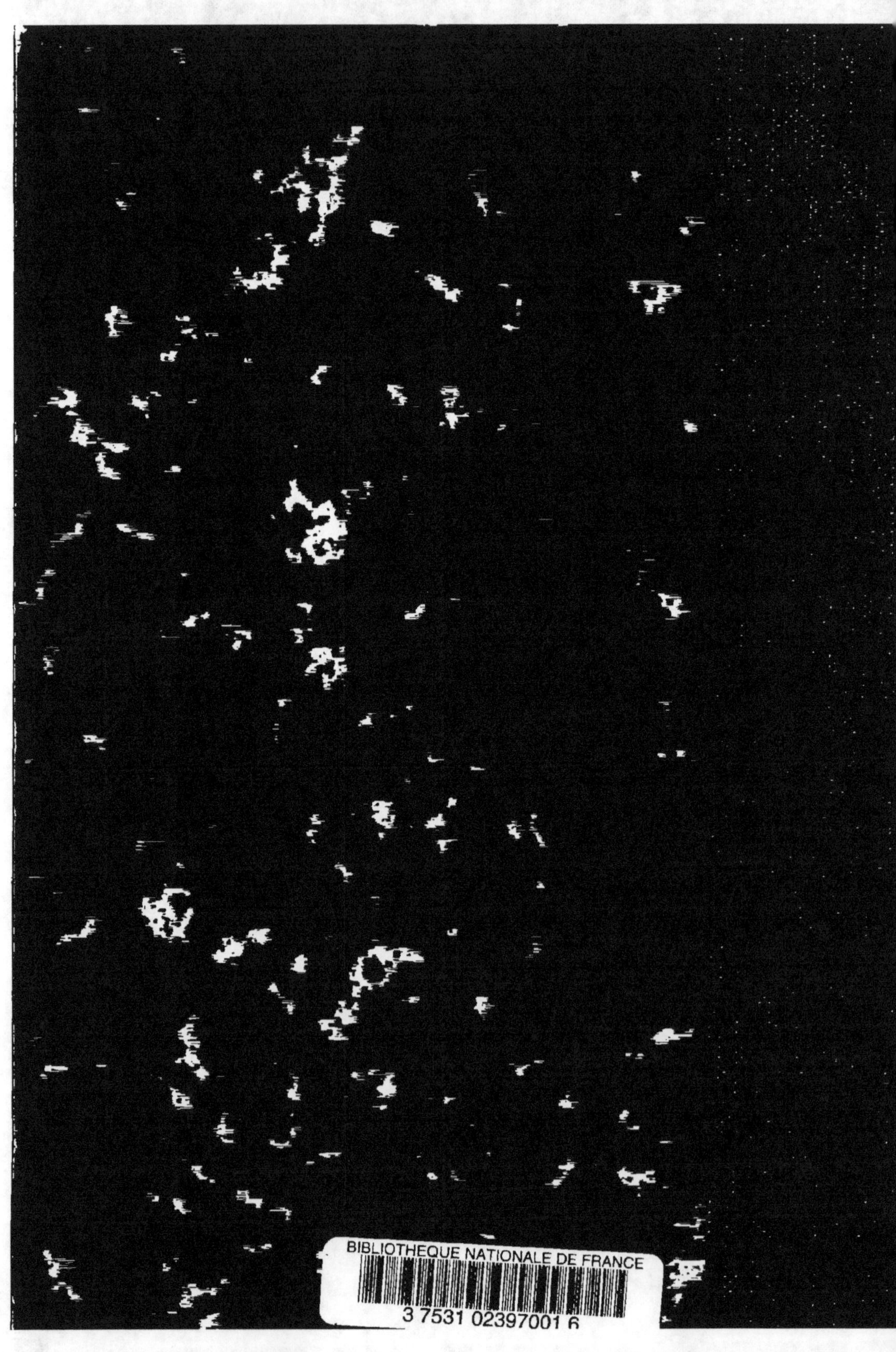